宜昌博物馆
馆藏文物图录
Cultural Relics Collection of Yichang Museum

书画卷

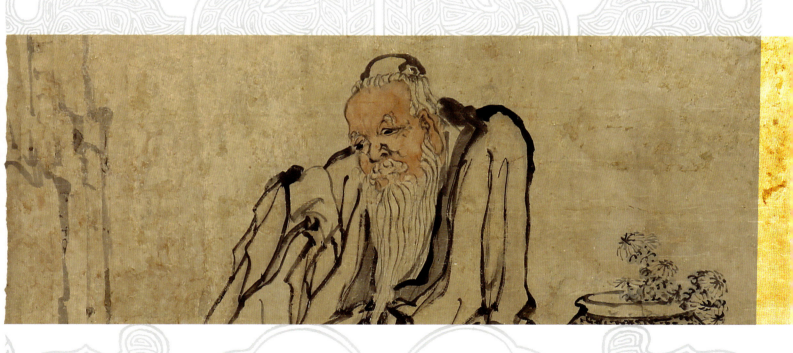

宜昌博物馆 编

文物出版社

图书在版编目（CIP）数据

宜昌博物馆馆藏文物图录. 书画卷 / 宜昌博物馆编. --

北京：文物出版社, 2019.6

ISBN 978-7-5010-5506-7

Ⅰ. ①宜… Ⅱ. ①宜… Ⅲ. ①文物—宜昌—图集②汉

字—书法—作品集—中国③中国画—作品集—中国 Ⅳ.

①K872.633.2

中国版本图书馆CIP数据核字(2019)第024499号

宜昌博物馆馆藏文物图录·书画卷

Cultural Relics Collection of Yichang Museum

编　　者　宜昌博物馆

责任编辑　宋　丹　李　睿
责任印制　张　丽
出版发行　文物出版社
装帧设计　李　兵　唐凛然
地　　址　北京市东直门内北小街2号楼
邮　　编　100007
网　　址　www.wenwu.com
邮　　箱　web@wenwu.com
印　　刷　北京雅昌艺术印刷有限公司
经　　销　新华书店
开　　本　889mm×1194mm　1/16
印　　张　10.75
版　　次　2019年6月第1版
印　　次　2019年6月第1次印刷
书　　号　ISBN 978-7-5010-5506-7
定　　价　218.00元

《宜昌博物馆馆藏文物图录》编辑委员会

主　　任：罗春烺

副 主 任：倪方成　肖承云

委　　员：常　东　何中源　向光华　赵　冬
　　　　　张清平　吴义兵　赵德祥　李孝配

书画卷

主　　编：肖承云

副 主 编：李　兵　余朝婷

编　　辑：程晓君　董清丽　丁汇宇　杜　青

摄　　影：刘晓伟　李　兵　张　弛

封面题字：罗　群

前言

中国书画为世界艺术之林中独树一帜的民族艺术，具有深厚的艺术传统和鲜明的民族特色，是中华民族所独创的艺术奇葩。这一民族艺术的形成，与中国社会历史的发展、传统的学术思想、各民族艺术间的交融，以及因之形成的某些带有共性的艺术风格、特点和中华民族的审美习惯等，都有着密切的关系；是中华民族文明史所产生的艺术结晶之一，在古代对东方国家、民族产生过深远影响；在近、现代更随着世界文化的交流而远播西方各国。中国古书画是中华民族文明史的一种物化见证，是中华民族全部珍贵文物的重要组成部分。

中国画在创作上重视构思，要求"意存笔先，画尽意在"，其重神似不重形似、重意境不重场景、强调创作意境。在造型上不拘于表面的相似，而讲求"妙在似与不似之间"和"不似之似"；在构图布局上，突破时空的限制，虚中有实，实中有虚；在笔墨技巧上以线条造型为主，以点、面造型为辅。中国书法是以线条组合文字的艺术形式，它主要通过用笔用墨、结构章法、线条组合等方式进行造型和表现主体的审美情操，在简单的笔画中蕴含无穷的变化。书法家通过艺术构思，发挥毛笔的性能，施展艺术技法，注入心智情性，从而创作出既得造化之理又发灵台之意的书法艺术。

书画是宜昌博物馆的重要藏品门类之一，我馆现有书画类文物 681 件（套），其中一级文物 1 件（套），二级文物 3 件（套），三级文物 137 件（套），时代主要为清至民国时期。

1938 年宜昌大撤退中，全国各地的大量官绅商贾汇集宜昌，等待转移至陪都重庆。他们所收藏的大量古代书画作品也由于种种原因散落于宜昌。上世纪 80 年代前，原宜昌市文物管理处主任常宝琳先生通过各种渠道征集了这批散落在民间的文物，1993 年整体移交宜昌博物馆收藏，成为如今我馆书画藏品的主体。

我馆的绘画类文物藏品，题材涉及人物、山水、花卉、鸟兽、宗教等；在形式上有竖轴、条屏、横幅、册页、小品、扇面、拓片等；在绘画介质上有纸本、绢本、竹质等。画作的作者既有黄慎、闵贞这类闻名遐迩的绘画大师，也有顾槐、沈懿安这类宜昌本土的艺术名家，既有杨晋这类讲究严格技巧的宫廷画师，也有钱鸿这类富有文人思想修养与情趣的文人画家，亦有醉呆子这类迎合市井风俗的民间画工。

黄慎是清代杰出书画家，"扬州八怪"之一。早年师从上官周，多作工笔，山水师法元代黄公望、倪瓒，中年以后，吸取徐渭笔法，变为粗笔写意，并草书章草，曾以狂草书法入画，笔姿放纵，气象雄伟，深入古法。黄慎擅长人物、山水、花鸟，尤以人物画最为突出，题材多为神仙佛道和历史人物，也有一些现实生活中的形象。黄慎的诗文、狂草书法、绘画被称为三绝。我馆藏有黄慎的《仙女图》，此图尺幅巨大，为绢本设色，构图简洁，线条细腻流畅，人物形神精妙，极富感染力，是黄慎人物画的高水平代表作。

闵贞为清代著名画家，亦为"扬州八怪"之一。擅长书画篆刻。尤工山水、人物、花鸟，多作写意，笔墨奇纵，也偶有工笔之作。其人物画最具特色，线条简练自然，形神逼肖。我馆藏有闵贞的《渔翁童子图》，此图为纸本设色，虽为写意笔法，极尽简练，但人物神态跃然纸上，足见闵贞人物画的特色与功力。

王云擅楼台、人物画，用笔圆中寓方，接近仇英风格，又喜作写意山水，意境幽深，得沈周笔意，为康熙年间名家，在江淮一带享有盛名。我馆藏有王云的《行旅图》，此图为纸本设色，色彩丰富，层次分明，构图高低错落，远近有致，所绘人物数量繁多，各具特点。全图将自然风景与市井生活完美融合，内涵丰富，意蕴幽远。

另我馆还有一套民国时期的影印本《孔子事迹图》。这套图生动地描绘了孔子生平的各个重要事迹，每幅图旁皆配有相应的说明文字及四言赞辞，图文并茂，笔画纤细清晰。这套图为民国石印本，保存较为完整，印刷较为精细，在存世的同类图书中较为少见，具有较高的观赏性。

馆藏书法类文物藏品，在形式上有竖轴、条屏、横幅、对联、扇面、拓片、影印本等，作者既有清代与民国时期的著名书家，如翁方纲、杨岘、何绍基、邓传密等，也有这一时期的政要大员，如爱新觉罗·永瑆、左宗棠、于右任等，亦有宜昌本土的文化名流，如杨守敬、王步点、顾家衡等。

翁方纲为清代著名书法家、文学家、金石学家，乾隆十七年进士，官至内阁大学士。精通诗文、碑帖及考证，书法初学颜真卿，后习欧阳询，以谨守法度、骨力硝拨著称，与刘墉、永瑆、铁保并称清中期四大书家。我馆藏有翁方纲的行书《复初斋文集》节选，此作运笔沉酣，墨色浓厚，笔划丰满，筋劲骨健，妙得神韵，是翁氏的佳作。

爱新觉罗·永瑆为乾隆皇帝第十一子。其楷书初学赵孟頫，后又对欧阳询用功最勤，取赵体的妍丽流畅、秀润挺健与欧体的方正严整、峻拔险绝为其所用。因其特殊身份，得以遍临清宫内藏各朝名家法贴，逐渐形成自己的风格，亦为清中期四大书法家之一。我馆藏有永瑆的楷书《西都赋》节选，此作用笔俊逸，结构疏朗，端正清丽，劲俏流畅，颇有法度，观之赏心悦目，品之神清气爽。

杨守敬为湖北宜都人，一生勤奋治学，博闻强记，以长于考证著名于世，是一位集舆地、金石、书法、泉币、藏书以及碑版目录学之大成于一身的大学者，被誉为"晚清民初学者第一人"。杨守敬于书法真、草、隶、行、篆诸体皆擅，最具特色的当推其行楷，其传世书法形神兼备，光彩照人。"既有金石碑碣的苍劲，如刀劈斧削，又有法帖的秀逸，颇有英姿而无媚骨"（陈上岷语）。杨守敬游学日本，扭转了日本书法界千年以来的行草格局，开创了以北碑为主流的古拙雄浑风格的新时代，在日本书法界亦有重要地位。因杨守敬居于宜都的缘故，我馆收藏其书法作品数量颇丰，既有竖屏、横幅、也有扇面、对联，既有其代表性的行书，也有其隶书、草书作品，通过这些作品，我们可以透彻地品悟到杨氏书法的高古、深远、质朴、秀逸。

除了上述作者与作品外，我馆的其他书画精品数量亦颇为可观，此处不再一一枚举。

2014 年至 2016 年，宜昌博物馆对馆藏的书画文物进行了系统的普查，采集了照片、尺寸、内容、款识、完残状况等各方面信息，摸清了我馆书画类藏品的家底。由于时代久远，屡经辗转，且保存条件较为有限，这批不可再生的艺术品部分出现了不同程度的沾染污迹、受潮发霉、虫蛀鼠咬以及纸绢自然老化造成的破损断裂等病害，如不及时加以保护，将会朽烂毁灭。2013 年至 2019 年，我馆委托相关机构针对两批 264 件保存状况不佳的珍贵书画文物编制保护修复方案，申请国家专项经费，进行保护修工作。工作严格遵循最小干预、修旧如旧原则，采用传统书画修复技艺，让一件件受损的古书画重新焕发光彩，大大延续了其文物生命，恢复了其艺术价值，也大大提升了宜昌博物馆书画藏品的整体品质。

2019 年 6 月，宜昌博物馆新馆将正式开馆。以上述普查工作与保护修复为基础，新馆专门设置了《书香墨韵》展厅，作为我馆的常设展览之一，对馆藏古书画进行长期轮换展示，让这些曾藏于深闺的艺术珍品为更多社会大众所认识，让更多书画研究者、爱好者更好地体悟中国古典艺术之美，传承中华艺术之魂。本书选录其中的一百余幅精品，以飨广大读者。

唐凛然

目录

绘画

黄慎《仙女图》

清

绢本　设色

纵 170 厘米，横 94.2 厘米

黄慎（1687-？）中国清代杰
出书画家。初名盛，字恭寿、
恭懋、躬懋、菊壮，号瘿瓢子，
别号东海布衣，"扬州八怪"
之一。早年师从上官周，多作
工笔，山水宗元黄公望、倪瓒，
中年以后，吸取徐渭笔法，变
为粗笔写意，并草书章草，尝
以狂草书法入画，笔姿放纵，
气象雄伟，深入古法。黄慎擅
长人物、山水、花鸟，尤以人
物画最为突出，题材多为神仙
佛道和历史人物，也有一些现
实生活中的形象，多从民间生
活取材。黄慎的诗文、狂草书法、
绘画被称三绝。

大廳東之圖畫丘時
以此為馳名東南共博
學情為畫所掩至之吾曹主
人雜甦閱難翁論辯共
問風神諫遠口如孫河
台藏共畫點而取見共
標致筆法墨法傳身
菙臣之妙先圖全在
巨然風韻中來舊
左錫山諸氏深藏展玩
裳日主人屬余題後
於上莊書歲月
嘉靖戊仲冬　申時行

余生平嘉慶師于久每對知音論子久畫共十之右平也
聖興至右此圖子天師富春山閒居作者真筆端敬舞
純去元倫十正萬懸賞出於藍之妙當什製實之
萬曆十有二年平春
漢陽字孫克弘

至正壬辰秋仲僕歸富春山居暇日於南
樓援筆成此巨幅　大癡學人為
鐵舟主者作

矮二茅亭疎樹枝山腰水閣疊黍差
黃家老墨精神到常向人間稱絕癡
至正癸巳仲蓉題大癡疎林罷釣
圖　奎章閣鑒書博士柯九思

草堂只在南湖上山色水光相與清
鷗鳥不來魚不起落花風颭讀書聲
弘治七午六月望前進士楊循吉
題於袁君養正樓

"公望"款《疏林罢钓图》

清
纸本　水墨
纵 154.5 厘米，横 106 厘米

一曲瑤琴萬慮休空山石畔自春秋品今
古調無人賞留取黃花伴白頭
同治九年庚午立夏日技江張戚書題

黄慎《瑶琴图》

清

纸本　设色

纵 101 厘米，横 123.5 厘米

闵贞《渔翁童子图》

清

纸本 设色

纵150厘米，横44.5厘米

闵贞（1730-1778），清代画家，江西南昌人，侨居湖北汉口，字正斋，或呼闵骇子、"扬州八怪"之一。善书画篆刻。尤工山水、写意人物，笔墨超逸。

王云《行旅图》

清

纸本 设色

纵105厘米，横48.5厘米

王云（1562-？），字汉藻，号清痴，一字雯庵，号竹里，清初扬州地区的著名画家。擅楼台、人物，用笔圆中寓方，近仇英风格；亦喜作写意山水，得沈周遗意。雍正十三年（1735）作群仙图，时年八十四。

钱楳桥《岁朝清品图》

清

纸本　设色

纵 45.3 厘米，横 182.2 厘米

逸老《山水人物图》

清
绢本　设色
纵 26.1 厘米，横 36.2 厘米

孙焕《耕织图》

清

纸本　设色

纵 29 厘米，横 29 厘米

竹禅《水墨幽篁潇湘竹》

清

纸本　设色

纵105.4厘米，横35.9厘米

竹禅（1824-1901），俗姓王氏，号熹公，四川梁山（今重庆梁平）人，晚清著名书画大师、佛学大师、古琴大师。通诗文，善书画，工篆刻。其水墨人物、山水、竹石，别成一派，题画诗亦佳，多为禅机佛语，与"扬州八怪"齐名。竹禅平生爱竹，又是一位禅僧，故取名竹禅。他常在蜀山竹林中细致观察竹的各种形态，所画竹子姿态万千，颇有神韵。

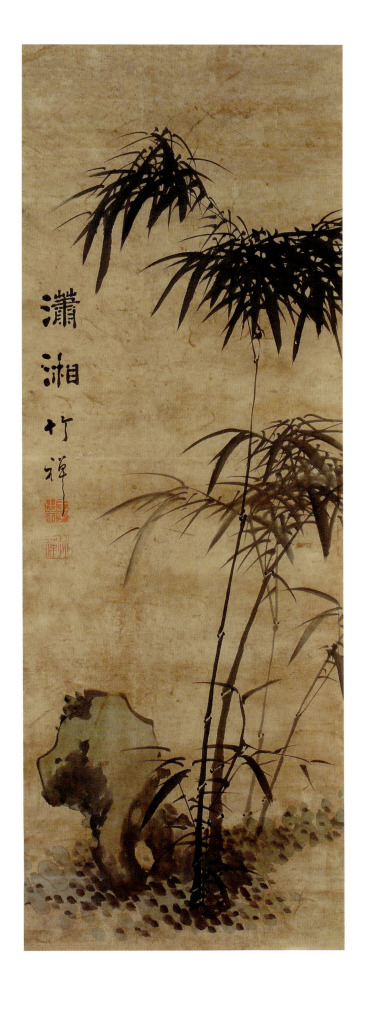

佚名《花卉图》竹屏

清

竹质　设色

纵 33.5 厘米，横 194 厘米

佚名《花卉图》竹屏

醉呆子《人物图》

清

纸本　设色

纵 27 厘米，横 33 厘米

醉呆子（19 世纪中叶），通山
人，民间画家，此人毁债而尚义、
交官而不腐，善书工画，风雅
名扬。其书画笔意流畅，浓淡
相宜，师法自然。其技法炉火
纯青，往往酒至半酣，下笔如神，
画中景物活灵活现。

陶芬《人物故事图》

清
纸本　水墨
纵 31 厘米，横 42.5 厘米

叶道本《梅兰竹菊图》

清

纸本　水墨

纵 31.7 厘米，横 36 厘米

叶道本，生卒年不详，擅画人物画，特别是仕女画。他笔下的仕女，多采用白描手段，上述宋代院画的富丽，下承西画光影和透视的影响，颇具艺术表现力。

叶道本《踏雪送梅图》

清
纸本　水墨
纵 133.6 厘米．横 78.5 厘米

叶道本《山水图》

清

纸本　水墨

纵 107.5 厘米，横 168 厘米

叶道本《山水人物图》

清

纸本 设色

纵135厘米，横35厘米

王柏心《兰花图》

清

绢本　水墨

纵 101.2 厘米，横 25.4 厘米

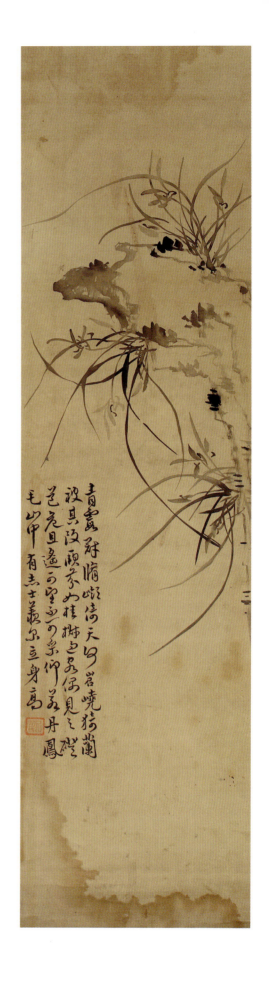

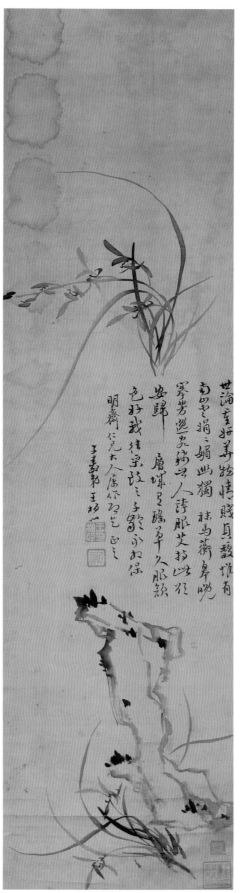

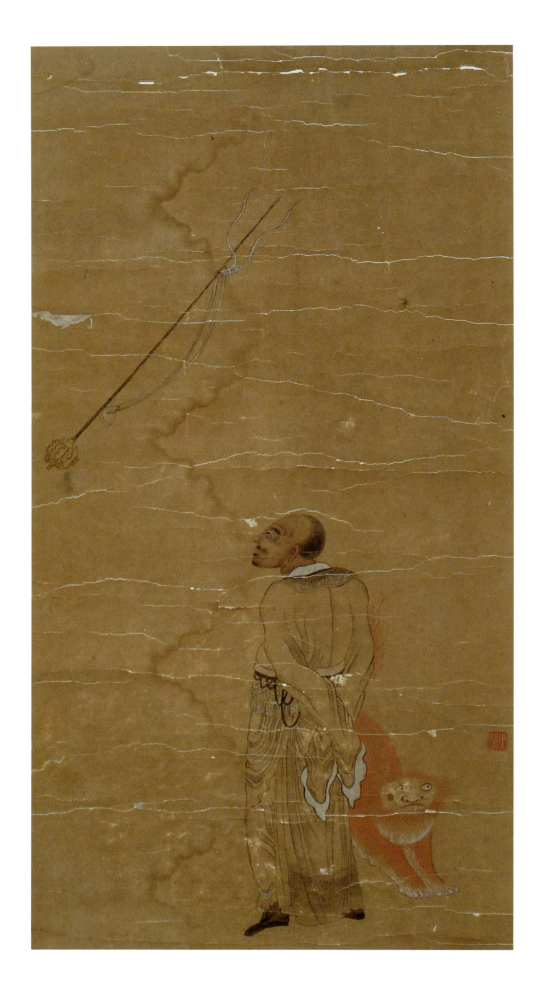

佚名《罗汉伏虎图》

清

纸本　设色

纵 50.7 厘米，横 26.1 厘米

顾沄《松石图》

清

纸本　设色

纵 134.2 厘米，横 36.5 厘米

倪文铸《富贵根苗图》

清
绢本　设色
纵 70 厘米，横 41.5 厘米

王步点《山水图》

清
纸本　水墨
纵 80 厘米，横 35.9 厘米

王步点（1863-1940），名志沂，号浴生，宜昌人，是鄂西一带享有盛名的儒者。他前后从事教育 40 多年，是宜昌新文化教育的先驱者。他学识渊博、诗词书画深得人望，并在其创办的学校中讲授书法、绘画等课程。

徐毓嵩《隔溪幽篁图》

清

纸本　设色

纵 177 厘米，横 45 厘米

徐毓嵩，晚清民国初年人，原
籍安徽，自号啸云老人。工于
画竹，也画山水、花卉、人物；
书法以行书见长。其山水画画
工细腻，极富自然神韵，构图
通常以竹作敷设，层层展开，
意境悠远。

钱鸿《牡丹花鸟图》

清
纸本　设色
纵 122.8 厘米，横 43.4 厘米

钱鸿，清代画家，字雪桥，湖
北武昌人。宦蜀，工画花卉翎毛，
取法邹一桂。

钱鸿《岁兆清品图》

清

纸本　设色

纵 163 厘米，横 45.5 厘米

一種嬌姿一種胎驚粧國危海庭
開向渠富貴何由像爲伴花王
習樂天
雲溪漁父惲壽平

恽寿平《花开富贵图》

清
绢本　设色
纵 81.2 厘米，横 38 厘米

恽寿平（1633-1690），名格，
字惟大，后改字寿平，号南田。
作为明末清初著名的书画家，
他开创了没骨花卉画的独特画
风，是常州画派的开山祖师。

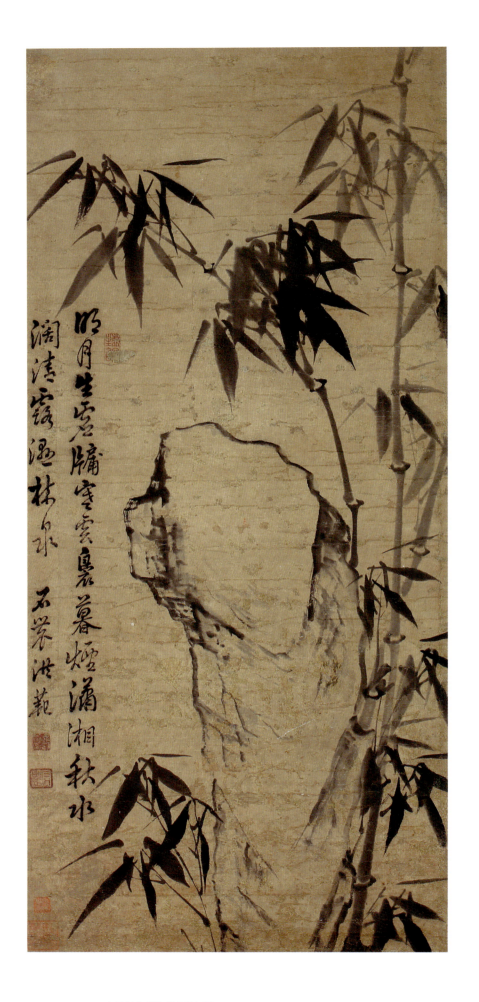

洪范《秋水林泉图》

清
纸本　水墨
纵 93.5 厘米，横 42.7 厘米

罗允夔《仕女读书图》

清

纸本　设色

纵 90.8 厘米，横 36.8 厘米

罗允夔，江西吉水人。善工山水、人物、花鸟。江西景德镇浅绛彩瓷开山大师之一。与王少维、金品卿齐名。

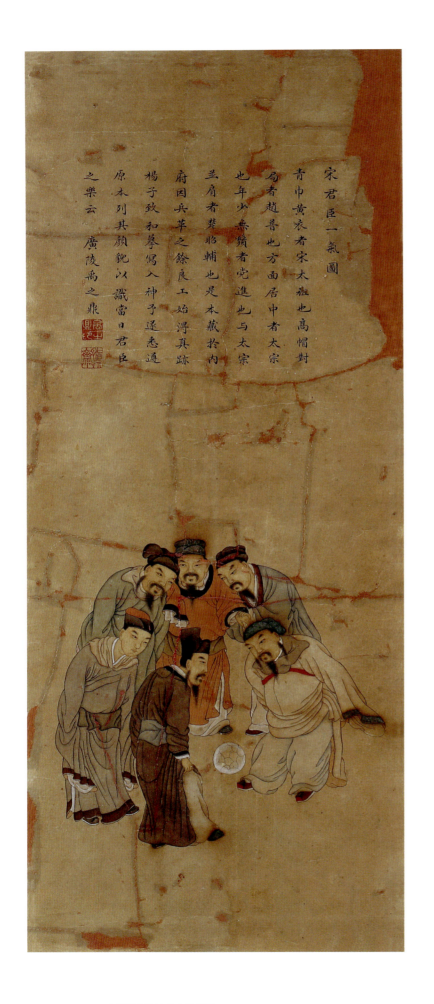

宋君臣一氣圖

青巾黃衣者宋太祖也高帽對
局者趙普也方面居中者太宗
也年少無鬚者党進也與太宗
並肩者楚昭輔也是本藏於內
府因兵革之餘良工始得真跡
楊子致和摹寫入神予遂悉通
原本列其顏貌以識當日君臣
之樂云 廣陵禹之鼎

禹之鼎《宋君臣一气图》

清
纸本　设色
纵72.8厘米，横29.2厘米

禹之鼎（1647-1716），清代画
家，字尚吉，又字尚基，号慎
斋。擅山水、人物、花鸟、走兽，
尤精肖像。有《骑牛南还图》、
《放鹇图》、《王原祁艺菊图》
等传世。

龚贤《秋水垂钓图》

清

绢本　设色

纵 111.5 厘米，横 51.4 厘米

徐鼎《山水人物图》

清

绢本　设色

纵 166.7 厘米，横 41.8 厘米

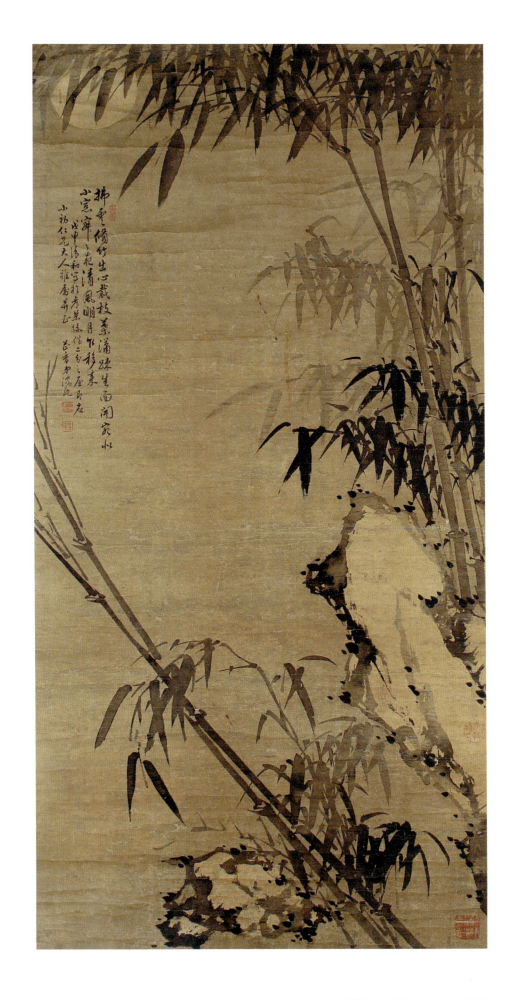

沈沇《明月竹石图》

清

纸本　水墨

纵98.5厘米．横47.3厘米

王文謔《芦燕图》

清

纸本　水墨

纵 119 厘米，横 38.2 厘米

钱云《大富贵亦寿考图》

清

纸本　设色

纵 163.5 厘米，横 90.9 厘米

朱偁《松鹤延年图》

清
纸本　设色
纵 128 厘米．横 62 厘米

胡元淮《倪云林画款山水图》

清

纸本　水墨

纵 175.8 厘米，横 45.3 厘米

罗允夔《麻姑献寿图》

清

纸本　设色

纵 167.7 厘米，横 92 厘米

吴鹤汀《细雨斜风迎客图》

清

纸本　设色

纵 168 厘米，横 91.4 厘米

吴鹤汀《细雨斜风迎客图》

書家有筆墨
畫家亦有筆墨
墨畫之筆墨更
須求之中斯為
摸之中斯為妙捏
秦富上乘也偶記
前人有句云桃花
柳等春雨寶細

雨斜風容
到門進句去
覺花筆墨
二字尚禍慲主
同治壬申初冬
窩花沙溪溪
飯之碧桂齋
中心雁
仁兄
尊兄
桂房小序
指疵

杨晋《工笔山水图》

清

纸本　设色

纵 169 厘米，横 45.5 厘米

杨晋（1644-1728），字子和，一字子鹤，号西亭，自号谷林樵客、鹤道人，又署野鹤，江苏常熟人，清代宫廷画家。以画界画见长，他能恰到好处地发挥传统工笔界画的特长，把人工建筑的楼阁台榭及人物举止和天然山水景色紧密结合起来，在结构上作了极好的剪裁，满而不闷，画风细致明秀、娟丽清新，层次过渡非常自然。

程之桢跋《东坡老梅图》拓片

清

纸本

纵 100 厘米，横 54 厘米

方涛《寒山试马图》

清

纸本 设色

纵 146 厘米，横 39.6 厘米

钱兰溪《山水花鸟图》

清

纸本　设色

纵 69 厘米，横 34 厘米

顾槐跋马希駛《山水图》

清

纸本　设色

纵 147 厘米，横 85.5 厘米

胡之森《墨竹图》

清

纸本　设色

纵47.8厘米，横184厘米

陶芬《山水图》

清

纸本　设色

纵 151 厘米，横 40.3 厘米

钱世椿《花鸟图》

清
纸本　设色
纵 136 厘米，横 33 厘米

刘昺阳《芦雁图》

清
纸本　设色
纵 72 厘米，横 40 厘米

蒋庭锡《花鸟图》

清

纸本　设色

纵 129 厘米，横 20 厘米

谭子元《山水人物图》

清

纸本　设色

纵 149 厘米，横 40 厘米

孟秉钧《仿北宋徐崇嗣菊花图》

清

纸本　设色

纵 132 厘米，横 31 厘米

曾云程《昭君出塞图》

清

纸本 设色

纵88.5厘米，横26.5厘米

魏春桥《雄鸡图》

清

纸本 设色

纵 141 厘米，横 48 厘米

佚名《山水人物图》

清

纸本　设色

纵 162 厘米，横 41 厘米

刘晖《山水图》

清

纸本　水墨

纵 136 厘米，横 33 厘米

陈镇南《凉意松风图》

清

纸本　设色

纵 148.5 厘米，横 39.5 厘米

孔继南《十八罗汉图》

清

纸本 设色

纵97.5厘米，横26厘米

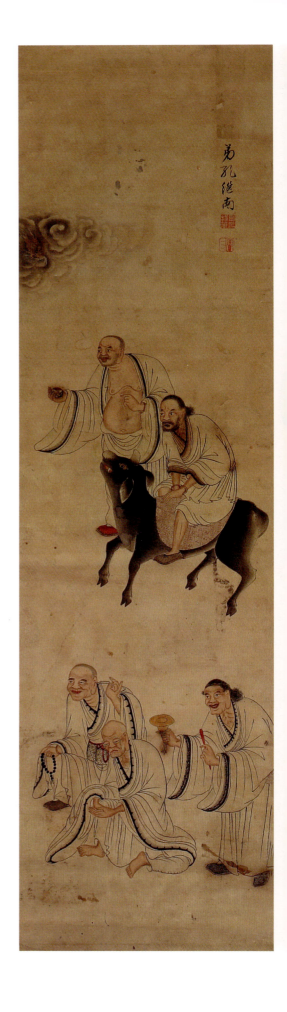

钱鸿《花鸟图》

清

纸本　设色

纵 135.5 厘米，横 33 厘米

方炳南《拟华秋岳牛马图》

清

纸本　设色

纵 176 厘米，横 44 厘米

郭垣《鱼戏图》

清

纸本 水墨

纵 148 厘米, 横 35.5 厘米

徐友松《竹石图》

清

纸本 设色

纵 177.3 厘米，横 45.5 厘米

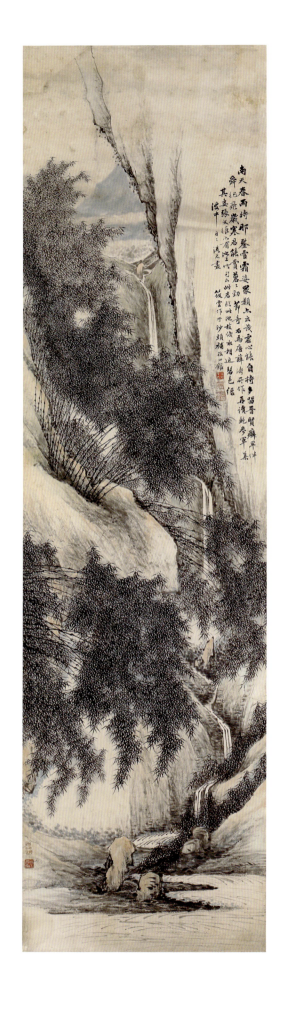

吴詠梅《人物图》扇面

清
纸本　设色
纵 17.1 厘米，横 53.5 厘米

罗允夔《山水图》扇面

清
纸本　水墨
纵 18 厘米，横 51 厘米

钱鸿《花卉图》扇面

清
纸本 设色
纵18.5厘米. 横51.5厘米

舒浩《花鸟图》扇面

清
纸本 设色
纵16.5厘米. 横51厘米

圣傅《牡丹图》团扇面

清

绢本　设色

直径 21 厘米

完璧堂影印《孔子事迹图》

民国
纸本　影印
纵 68 厘米，横 33.8 厘米

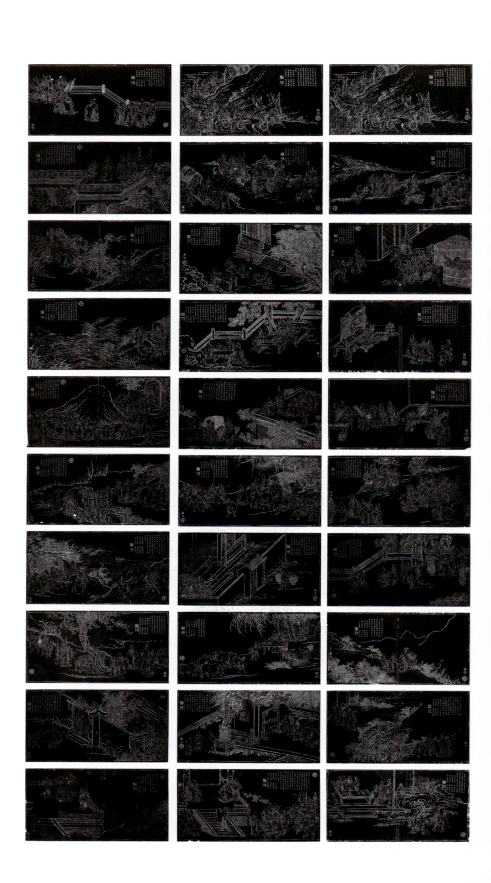

孔子二十一歲生于邊魯
昭公以二鯉賜之孔子
榮君之賜故因以鯉名其
子而字伯魚
始仕仕職
乃為委吏
料量乃平
因試而為
為乘田
畜牧蕃息
以榮君賜
誌此不忘

孔子為高亭司寇有父子訟
者夫子同桎梏之三月不
別其父謂正夫子教之曰
等旣聞之矣聞之不悅曰食饒
等源間之不悅日舍也
一不勞以教民者不以也
不而人教戒如有以也
孔子父子肯默然喟嗚呼
不教以孝而臨其做足放
不尊何者上教立不行雁
不在民故也
厲山藻呼
胡波父子
乃起秉鵝
教之不先
牽亦不謹
雖利曰祥
罪之桑忠

周靈王二十二年魯定公
十二年也孔子由大司寇
攝行相事與聞國政七日
而誅亂政大夫少正卯於
兩觀之下三月而魯國大
治粥羊豚者弗飾賈男女
行者別于塗別于遠不拾道
聖東國成首在紐好
閒人有律去惡遷賢
秋甫泰生
義濟仁宵
化治閒閨
澤汎宗閭

哀公問取人之法于
孔子對曰事任於官無取捷
捷貪也鉗鉗亂也捷貪鉗
也故弓調而後求勁焉馬
服求良馬雖不能無取
眼而後求善馬士必愨而
後求智能者也若不愨而
多智譬之豺狼不可邇
取人之法弓不若馬馬不若
士非愨慤
毋取智能
君其識此
以為鑒衛

周敬王二十年晉定公十
年春公會齊侯于夾谷孔
子攝相事啟侯禮畢齊有
司請奏四方之樂
齊人使萊人以兵
孔子
齊侯懼而歸所侵鲁田
威于三軍 夫豈偶然

周敬王二十一年晉定公立
季氏僭公室陪臣執國政
故孔子不仕退而脩詩書
禮樂以教弟子弟子彌眾
宗國政移
禮樂詩書
無行不當

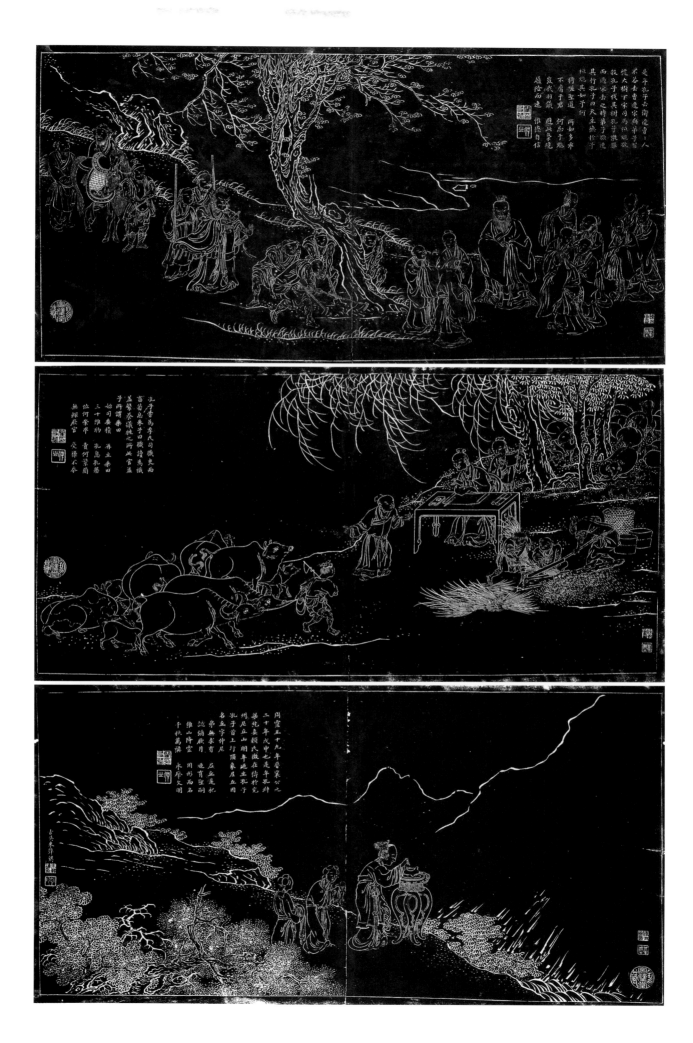

黄云《犬戏图》

民国

纸本　设色

纵 151 厘米，横 41 厘米

钱越孙《牧童骑牛图》

民国

纸本　设色

纵 93 厘米，横 42.7 厘米

梅兰芳《水墨梅花图》

民国
纸本　设色
纵 72.6 厘米，横 25 厘米

梅兰芳（1894-1961），名澜，又名鹤鸣，字畹华，别署缀玉轩主人，艺名兰芳，北京人。中国京剧表演艺术大师。梅兰芳的画清丽秀雅、神形兼备，有深厚的艺术修养。

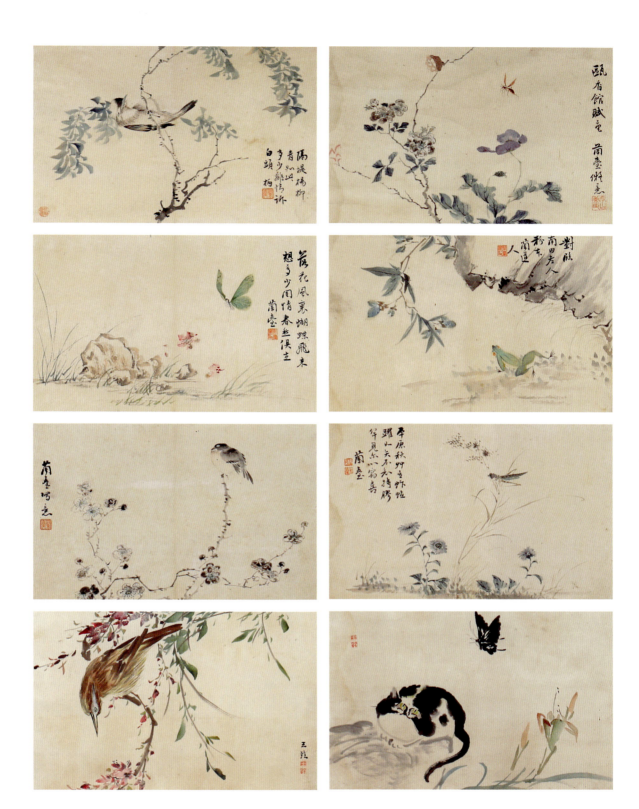

兰台等《花鸟小品图》

民国

纸本　设色

纵 24.3 厘米，横 35.3 厘米

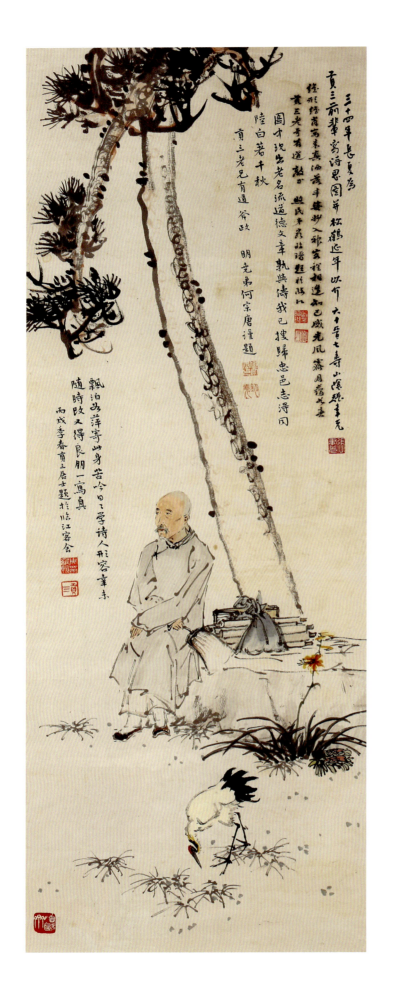

张聿光 《松鹤延年图》

民国
纸本 设色
纵 95.3 厘米，横 35 厘米

张聿光（1885-1968），字鹤苍头，别号冶欧斋主，浙江绍兴人。一生兼治中西绘画，早年从事西画的创作和教学，晚年多作中国画。传世作品有《黄山云海图》、《孔雀图》等。出版有《聿光画集》。

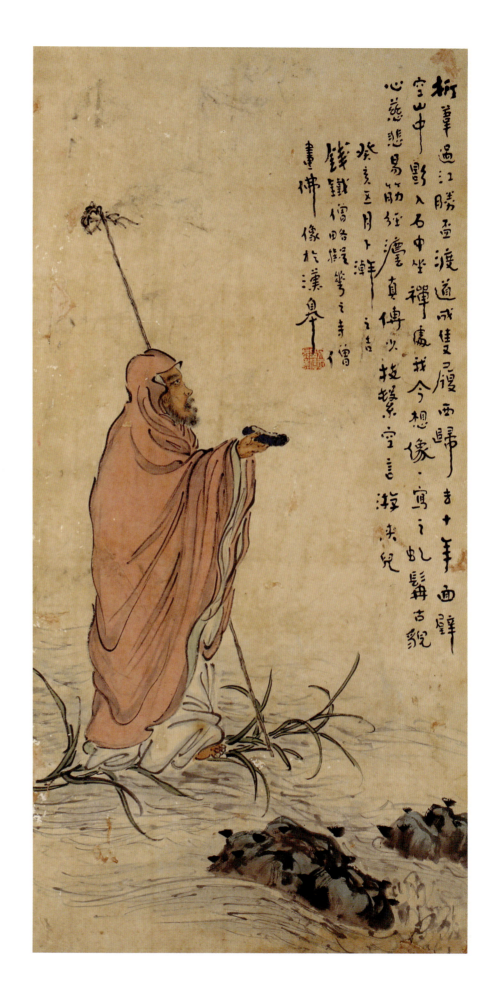

钱越孙 《达摩渡江图》

民国

纸本 设色

纵92.9厘米，横42.8厘米

陈鳣《菊蟹图》

民国

纸本　设色

纵 45.5 厘米，横 73 厘米

李育《水草鲤鱼图》

民国

纸本　设色

纵 148.5 厘米，横 46 厘米

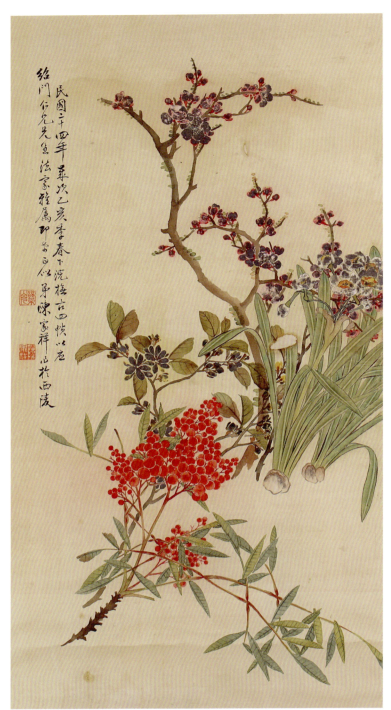

陈家祥《折枝花卉图》

民国

绢本 设色

纵 79 厘米，横 41 厘米

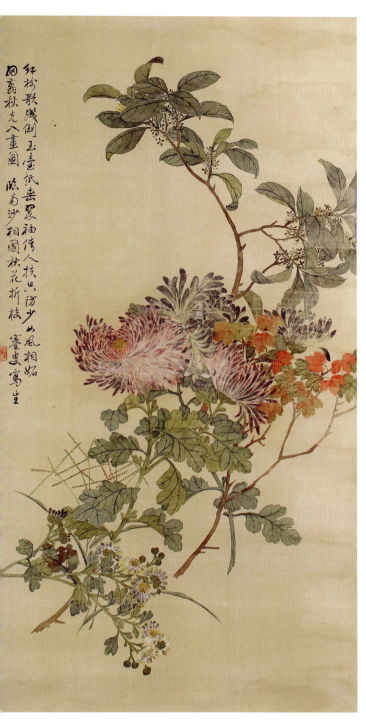

张聿光《自勉图》

民国

纸本　设色

纵 96.4 厘米，横 35.3 厘米

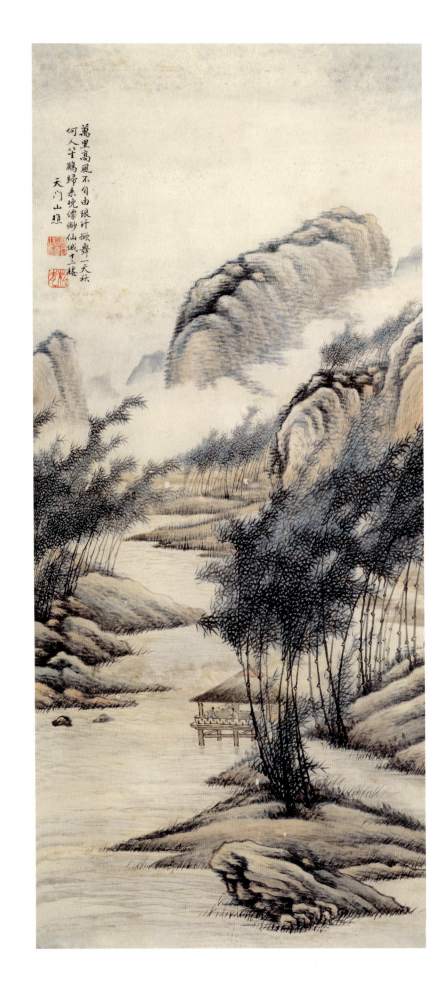

萬里高風不自由跟汗撒舞一天秋
何人笙鶴歸來晚縹緲仙城十二樓
天門山雉

徐松青《山水图》

民国
纸本　设色
纵81厘米，横34厘米

风暖鸟声碎日
高花影重

黄介青《花鸟图》

民国

纸本　设色

纵 87 厘米，横 38.5 厘米

吴松龄《雪景图》

民国

纸本　水墨

纵 173 厘米，横 45.7 厘米

吴松龄，字鹤汀，号松鹤山樵，
湖北江夏（今武汉）人。清代
民国画家。擅长绘画，宗宋、
元两代遗法，所作山水构图充
实，笔法娴熟，设色大雅，形
象苍浑生动，意境深遂，风貌
别具。

吴松龄《秋山红树图》

民国

纸本　设色

纵 173 厘米．横 45.5 厘米

徐昌寿《山水图》

民国

纸本　设色

纵 14.5 厘米，横 38 厘米

於是睎秦嶺瞰北阜挟灃灞攬
隴首圖皇基於億載度宏規而
大起摩自高而終平世增飾以
崇麗歷十二之延祚故窮泰而
極侈建金城之萬雉呼周池而
成淵披三條之廣路立十二之
道門

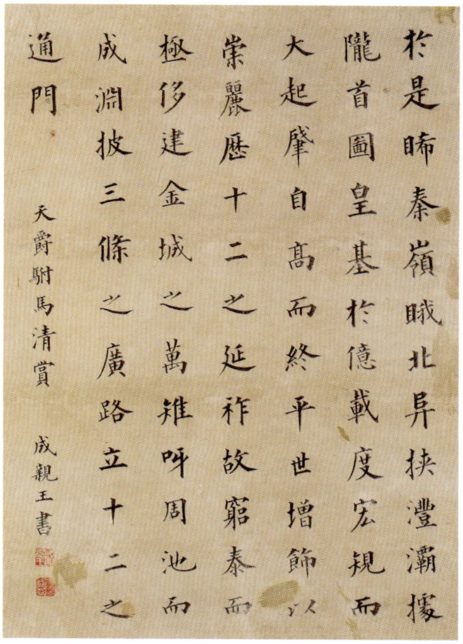

天爵駙馬清賞

成親王書

翁方纲行书《复初斋文集》节选

清

纸本

纵 166.2 厘米，横 77.2 厘米

翁方纲（1733-1818），字正三，号
覃溪，顺天大兴（今北京大兴）人。
清代书法家、文学家、金石学家。
乾隆十七年进士，官至内阁大学士。
通诗文，精通碑帖及考证。书法
初学颜真卿，后习欧阳询，以谨
守法度、骨力硝拨著称，兼擅隶书，
与刘墉、永瑆、铁保并称清中期
四大书家。

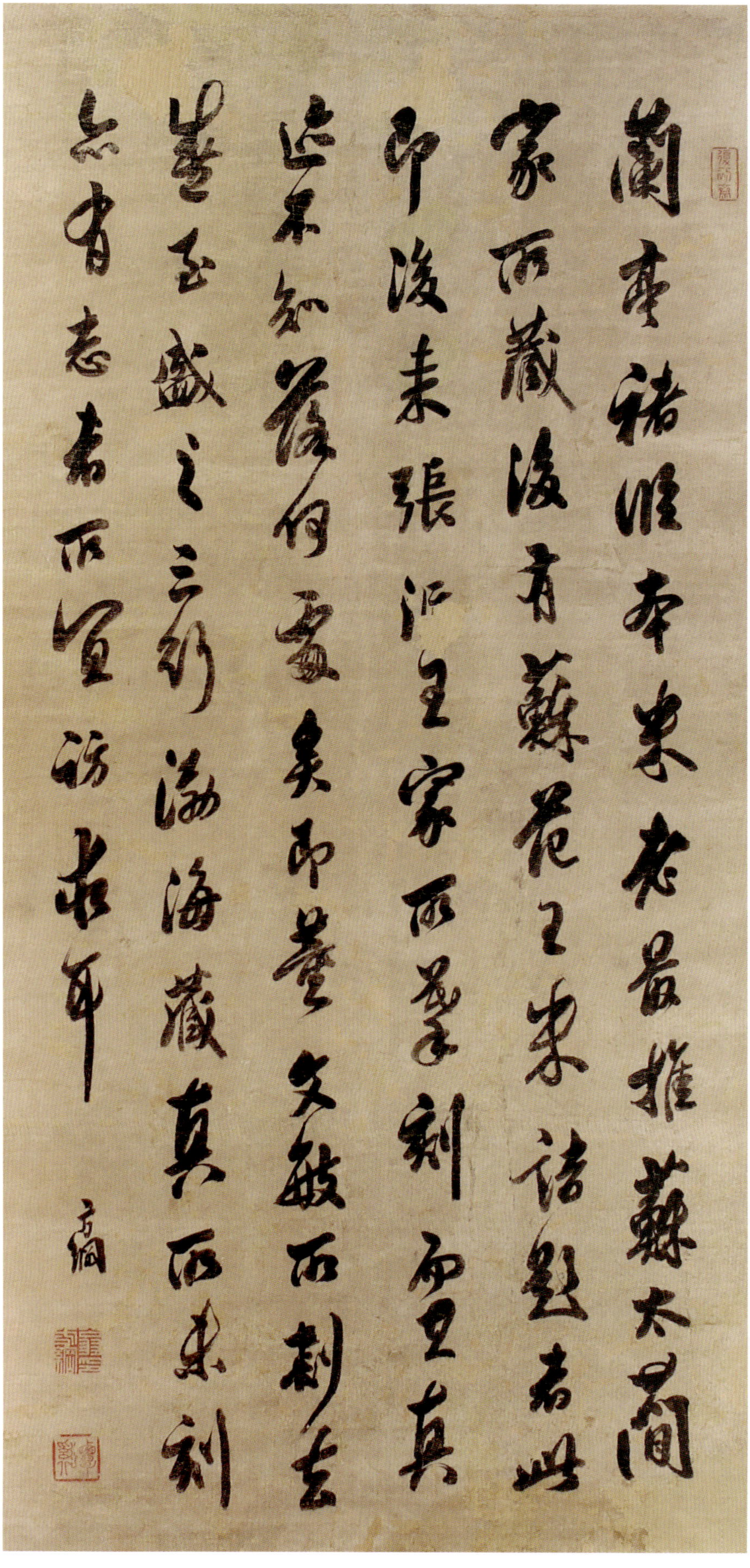

蘭亭帖唯本朝東坡最善摹蘇太簡
家而藏後有蘇舜欽之米諸公此
印後未張沂公家而摹刻而且真
近來知者有蓋而善文致而刻去
昔玉盛之三刻海藏真正未刻
無有志者而覽訪右軍

爱新觉罗·永瑆楷书《西都赋》节选

清

纸本

纵 53 厘米，横 37 厘米

爱新觉罗·永瑆（1752-1823），
号少厂，一号镜泉，满洲正黄旗人。
清乾隆帝十一子。其楷书学赵孟頫、
欧阳询，小楷出入晋唐，用笔俊
逸，结体疏朗，风格典雅，与刘墉、
翁方纲、铁保并称清中期四大书家。

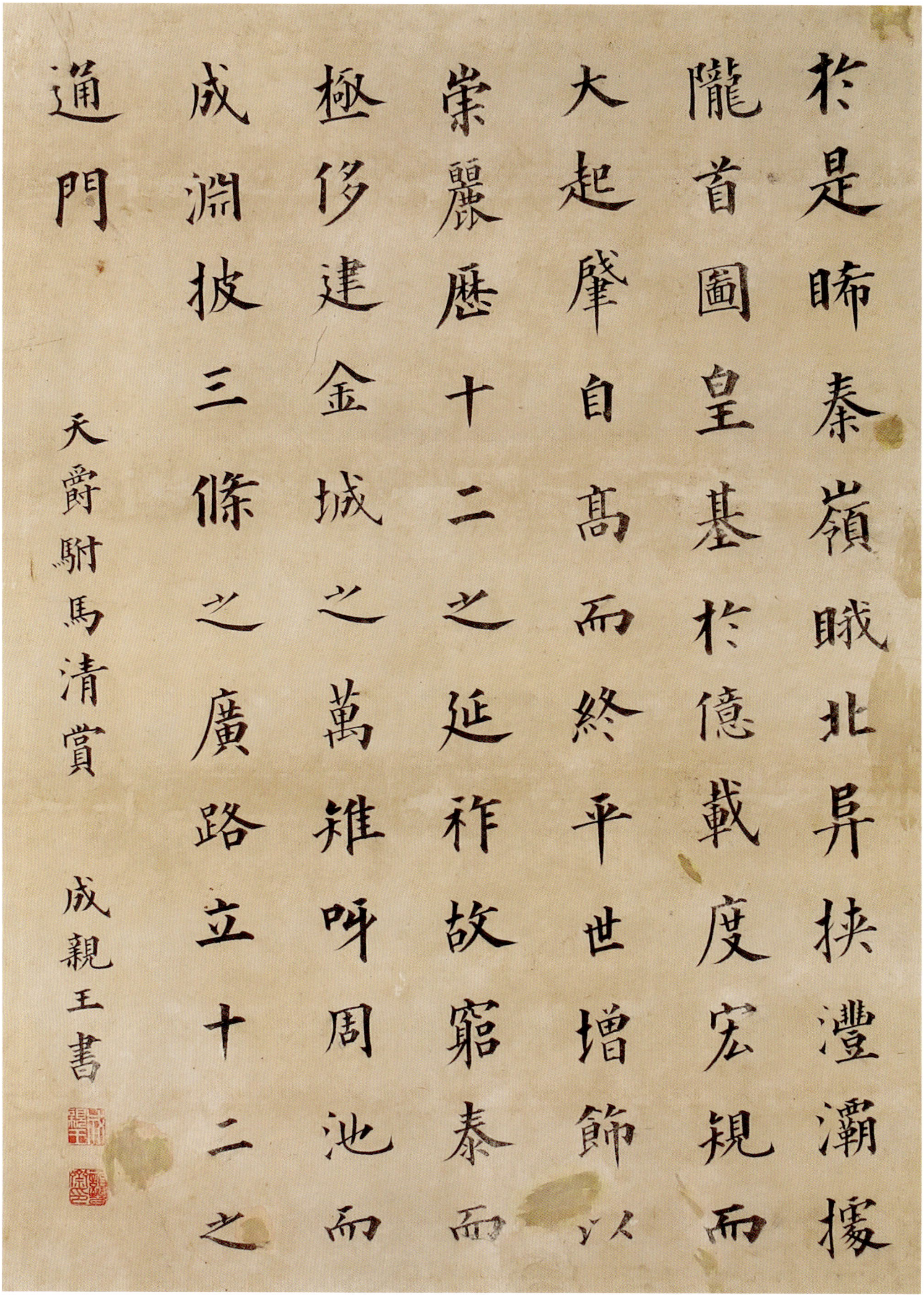

於是睎秦嶺瞰北阜挾灃灞據
隴首圖皇基於億載度宏規而
大起牟自高而終平世增飾以
崇麗歷十二之延祚故窮泰而
極侈建金城之萬雉呼周池而
成淵披三條之廣路立十二之
通門

天爵駙馬清賞　成親王書

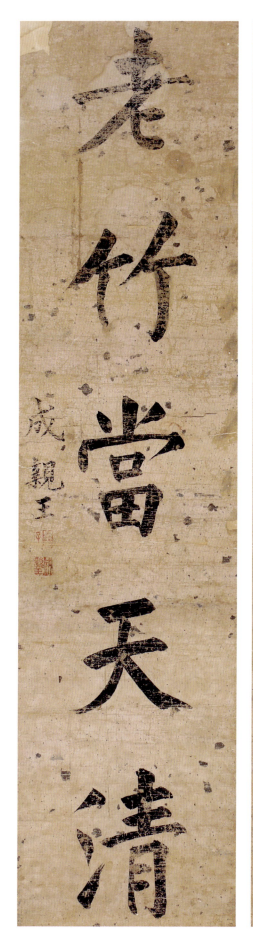

爱新觉罗·永瑆楷书
"崇兰在室和"对联

清

纸本

纵 89.2 厘米，横 20.7 厘米

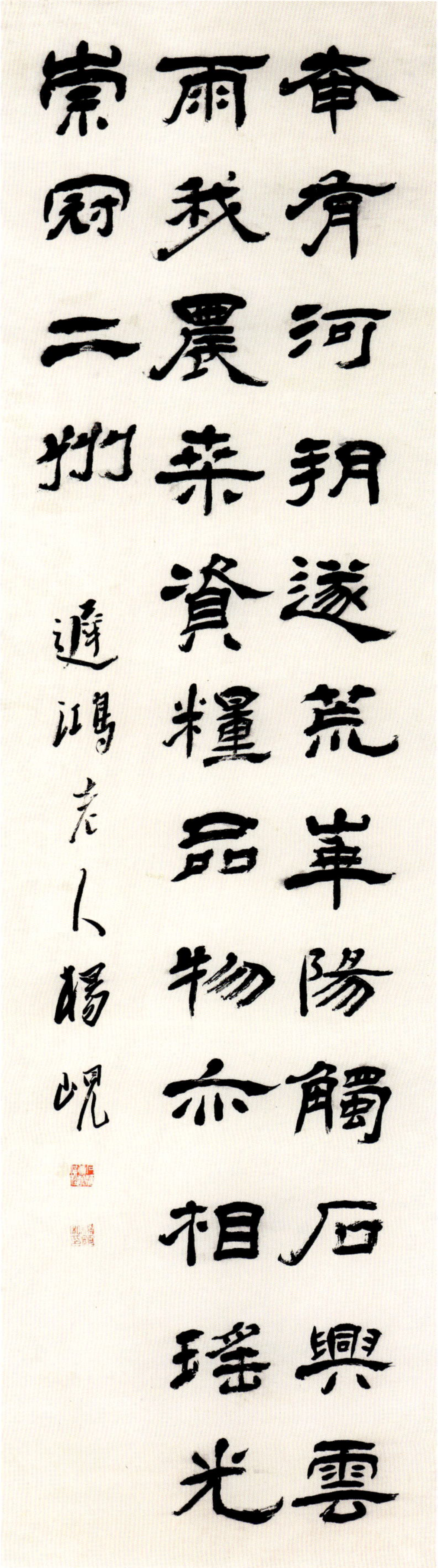

杨岘隶书《华山碑》节选

清
纸本
纵 141.2 厘米，横 37.9 厘米

杨岘（1819-1896），字庸斋、见山，号季仇，浙江归安（今湖州）人，清代书法家、金石学家、诗人。杨岘的书法属于北碑派，曾拜书家臧寿恭为师学习书法，精研隶书，于汉碑无所不窥，名重一时。

杨岘隶书"万年老竹化为与可"
对联

清
纸本
纵 130.8 厘米，横 21 厘米

陆润庠行楷《赵忠毅公铁如意歌》节选

清
纸本
纵 128.5 厘米，横 60.8 厘米

陆润庠（1841-1915），字凤石，号云洒、固叟，元和（今江苏苏州）人。同治十三年（1874）状元，历任国子监祭酒、山东学政、工部尚书、吏部尚书，官至太保、东阁大学士、体仁阁大学士。辛亥后，任溥仪老师。陆润庠能书法，擅行楷，方正光洁，清华朗润，意近欧阳询、虞世南笔法。

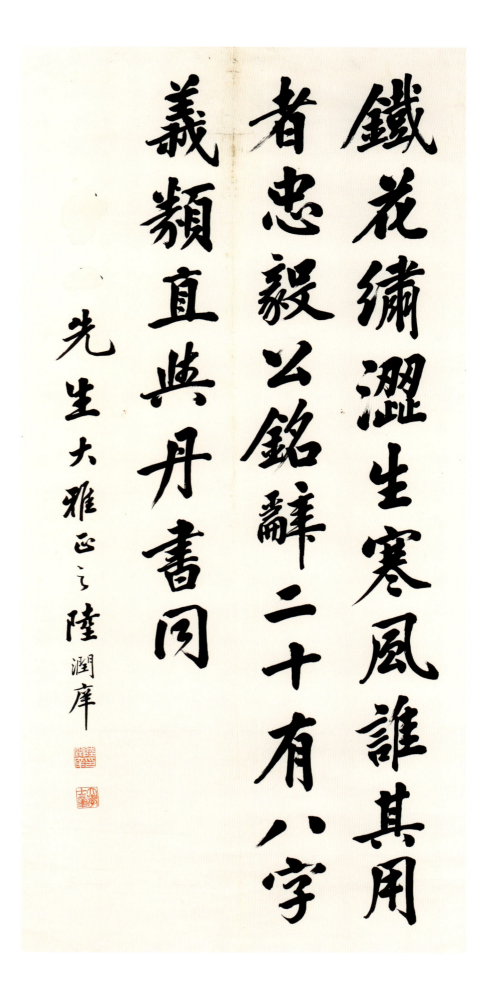

陆润庠行书"芝兰气味松筠操"对联

清

纸本

纵112.1厘米，横34.8厘米

祁寯藻行书七言诗

清

纸本

纵80.5厘米．横32.2厘米

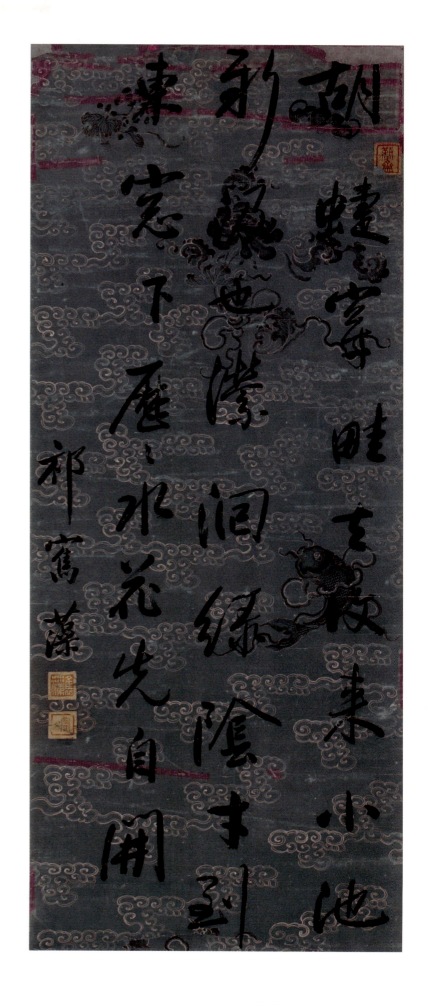

于右任行书"圣贤留余迹"对联

民国
纸本
纵 141.7 厘米，横 38.3 厘米

于右任 (1879-1964)，陕西三原人，中国近现代政治家、教育家、书法家。原名伯循，字诱人，尔后以"诱人"谐音"右任"为名。于右任早年系同盟会成员，长年在国民政府任要职，且为近现代中国多所大学的创办人。于右任习书从赵孟頫入，后改攻北碑，精研六朝碑版，在此基础上将篆、隶、草法入行楷，独辟蹊径，中年变法，专攻草书，参以魏碑笔意，被誉为"当代草圣"。

杨守敬行书《招玄觉大师山居书》

清
纸本
纵 129 厘米，横 36 厘米

杨守敬（1839-1915），字惺吾，号邻苏，湖北宜都人。杨守敬一生勤奋治学，博闻强记，以长于考证著名于世，是一位集舆地、金石、书法、泉币、藏书以及碑版目录学之大成于一身的大学者，被誉为"晚清民初学者第一人"。杨守敬于书法，真、草、隶、行、篆诸体皆擅，但最具特色的当推其行楷，其传世书法形神兼备，光彩照人。"既有金石碑碣的苍劲，如刀劈斧削，又有法帖的秀逸，颇有英姿而无媚骨"（陈上岷语）。杨守敬游学日本，扭转了日本书法界千年以来的行草格局，开创了以北碑为主流的古拙雄浑风格的新时代，在日本书法界亦有重要地位。

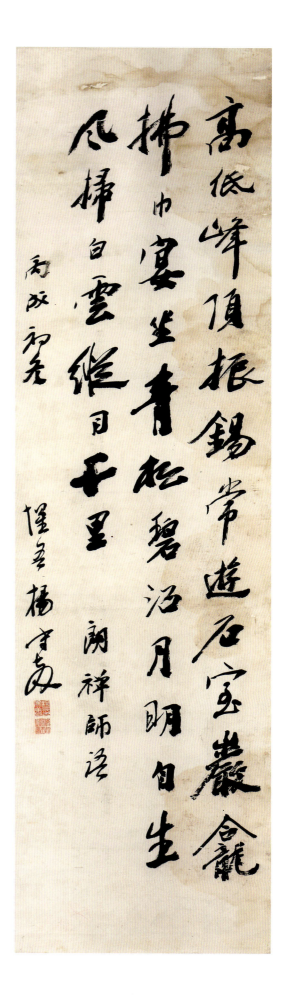

杨守敬行草苏轼《书临皋亭》

清

纸本

纵 28 厘米，横 110 厘米

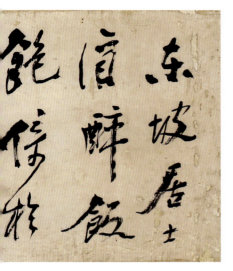

东坡居士

宿蟹饭

饱馔脩脂

卧看千帆卷浅溪

光绪戊戌嘉平月杨守敬

独骑瘦马踏残月

杨守敬行书"独骑瘦马踏残月"对联

清

纸本

纵126.4厘米，横30厘米

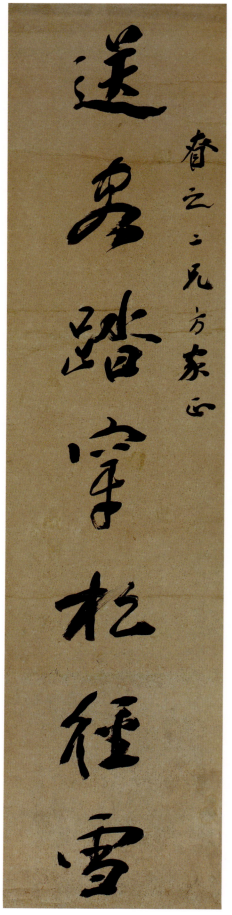

煮茶敲破石池米

送客踏穿松径雪

杨守敬行书"送客踏穿松
径雪"对联

清
纸本
纵 130.4 厘米，横 31.9 厘米

何绍基行书"园林到日酒初熟"对联

清
纸本
纵108.5厘米，横31厘米

何绍基（1799-1873），字子贞，号东洲，别号东洲居士，晚号蝯叟。湖南道州（今道县）人。道光十六年进士。咸丰初简四川学政，历主山东泺源、长沙城南书院。通经史，精小学金石碑版。书法初学颜真卿，又融汉魏而自成一家，尤长草书。

何绍基行书"白云笑我还多事"对联

清
纸本
纵 169.5 厘米，横 30 厘米

吴昌硕篆书"田车可乘庶人贤"对联

民国
纸本
纵150厘米，横38.9厘米

吴昌硕（1844-1927），初名俊，又名俊卿，字昌硕，浙江安吉人。晚清民国时期著名国画家、书法家、篆刻家，"后海派"代表，杭州西泠印社首任社长，与任伯年、蒲华、虚谷合称为"清末海派四大家"。他集"诗、书、画、印"为一身，融金石书画为一炉，被誉为"石鼓篆书第一人"、"文人画最后的高峰"。在绘画、书法、篆刻上都是旗帜性人物，在诗文、金石等方面均有很高的造诣。

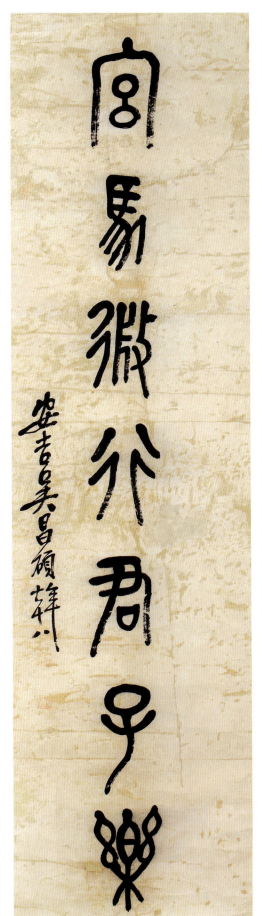

左宗棠行书"养气不动真豪杰"
对联

清
纸本
纵136厘米，横33厘米

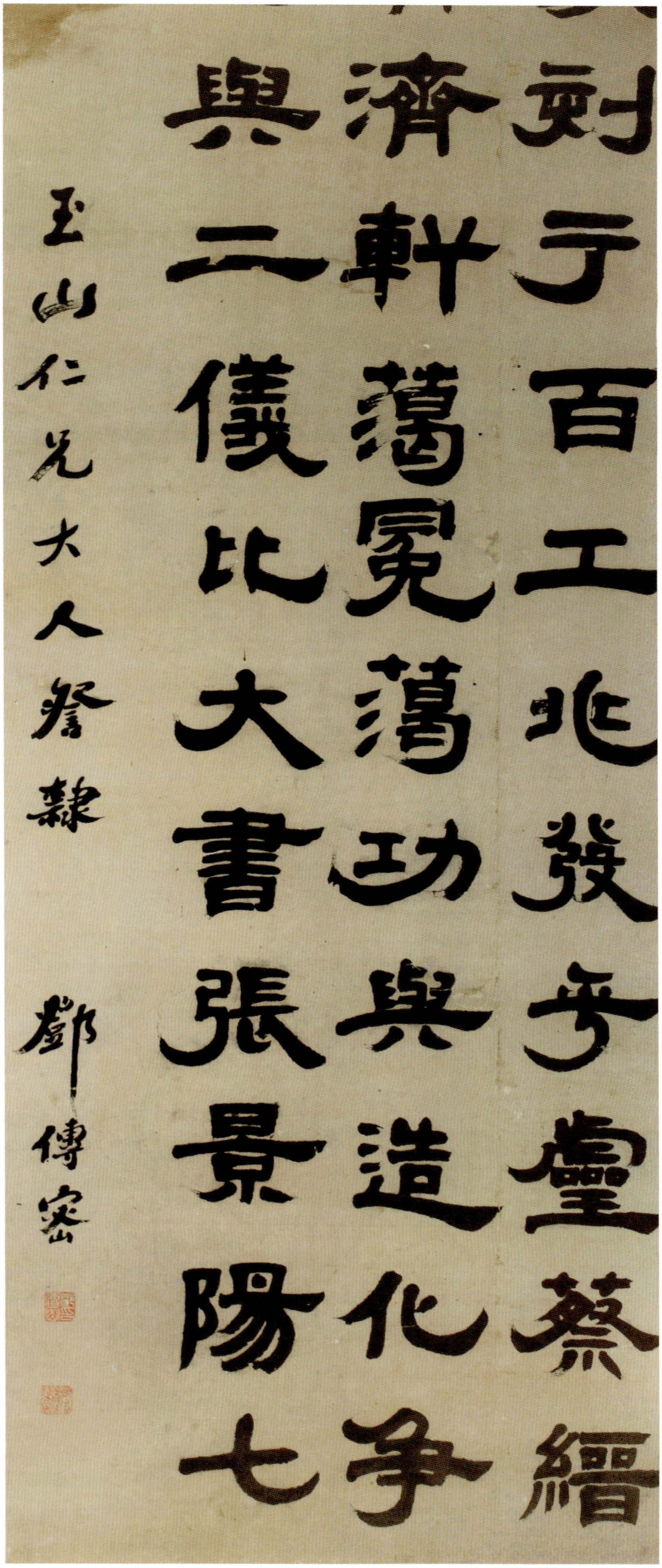

邓传密隶书张协《七命》节选

清
纸本
纵 163.5 厘米，横 88.7 厘米

邓传密（1795-1870），原名尚玺，
字守之，号少白，安徽怀宁人。
邓石如之子。曾师从清代名士
李兆洛，晚入曾国藩幕。敦朴
能诗，篆、隶有家法，为清代
书法家、学者。

邓传密隶书《荀子·儒效篇》节选

清

纸本

纵 120.5 厘米，横 31.5 厘米

相高下，視墝肥，序五種，君子不如農人；通財貨，相美惡，辨貴賤，君子不如賈人；設規矩，陳繩墨，便備用，君子不如工人；不恤是非然不然之情，以相薦撙，以相恥怍，君子不若惠施、鄧析。若夫譎德而定次，量能而授官，使賢不肖皆得其位，能不能皆得其官，慎墨不得進其談，惠施、鄧析……

片帆昨日下吴头破浪东来若建业秋九派江声捲入空六朝山色已迎舟梳台未老望金气风景难消翠楫愁四晋一磐碟随棺尾宵声风利不胜休莲艇大先生属

樾亭如意

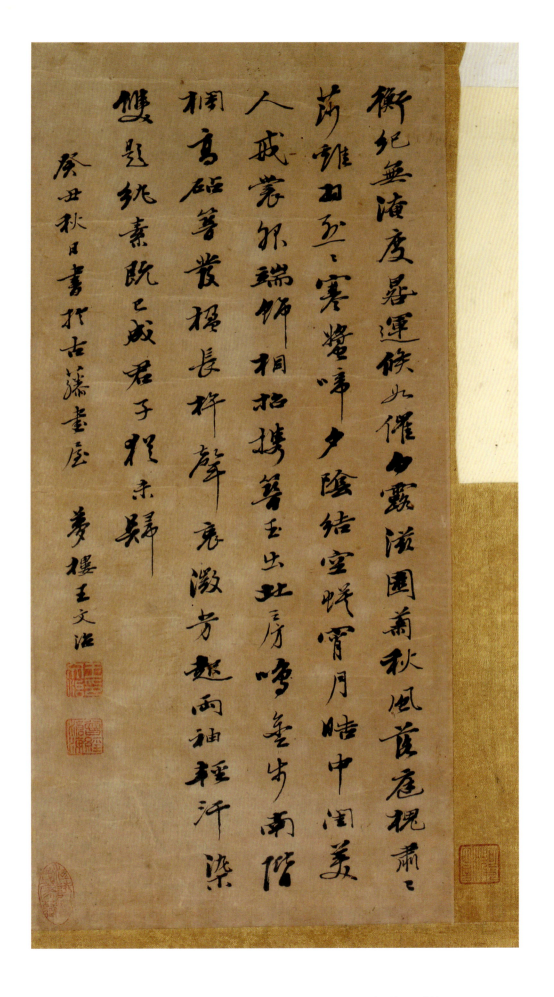

王文治行书谢惠连
《捣衣》节选

清
纸本
纵49厘米，横22.5厘米

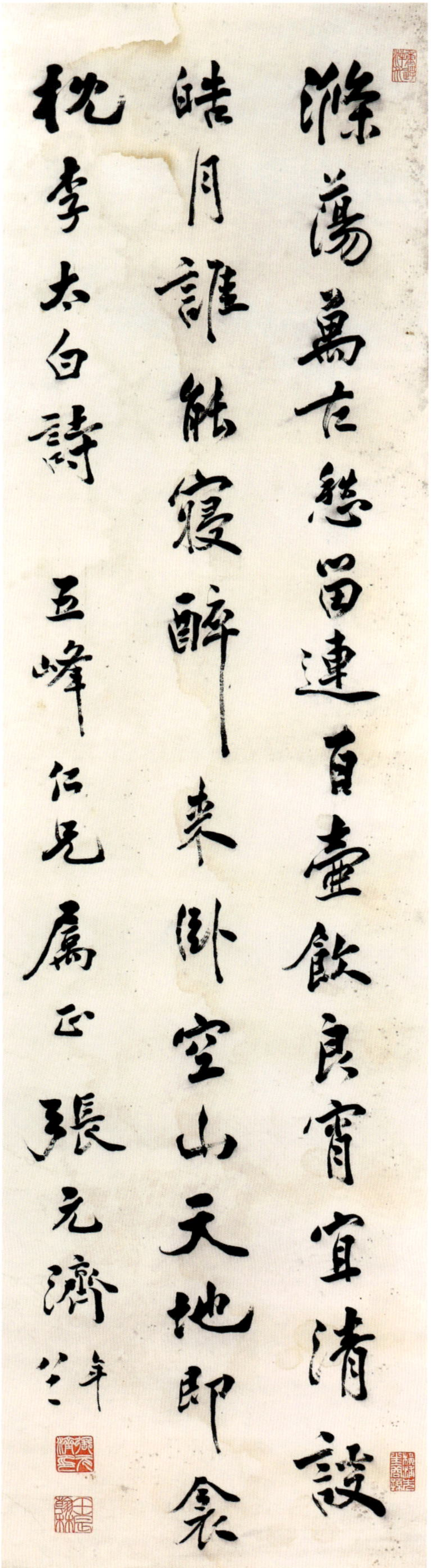

涤荡万古愁 留连百壶饮 良宵宜清谈 皓月谁能寝 醉来卧空山 天地即衾枕

李太白诗

五峰仁兄属正 张元济年

张元济行书李白《友人会宿书》

清

纸本

纵 140.5 厘米，横 37 厘米

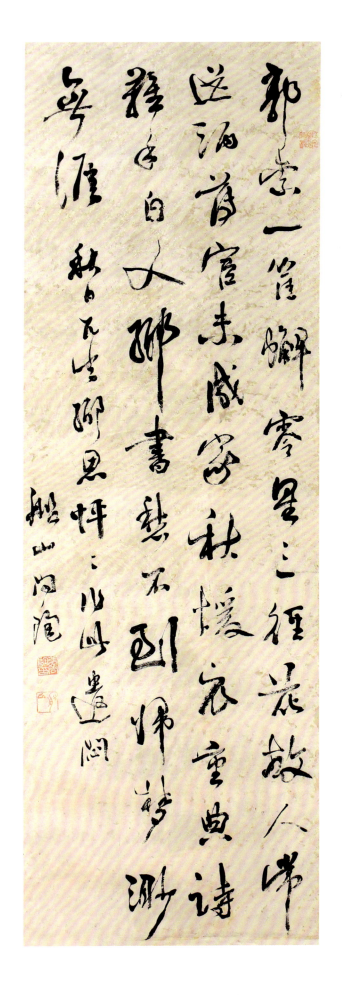

张问陶行草《船山诗
草》节选

清

纸本

纵129.2厘米，横41.5厘米

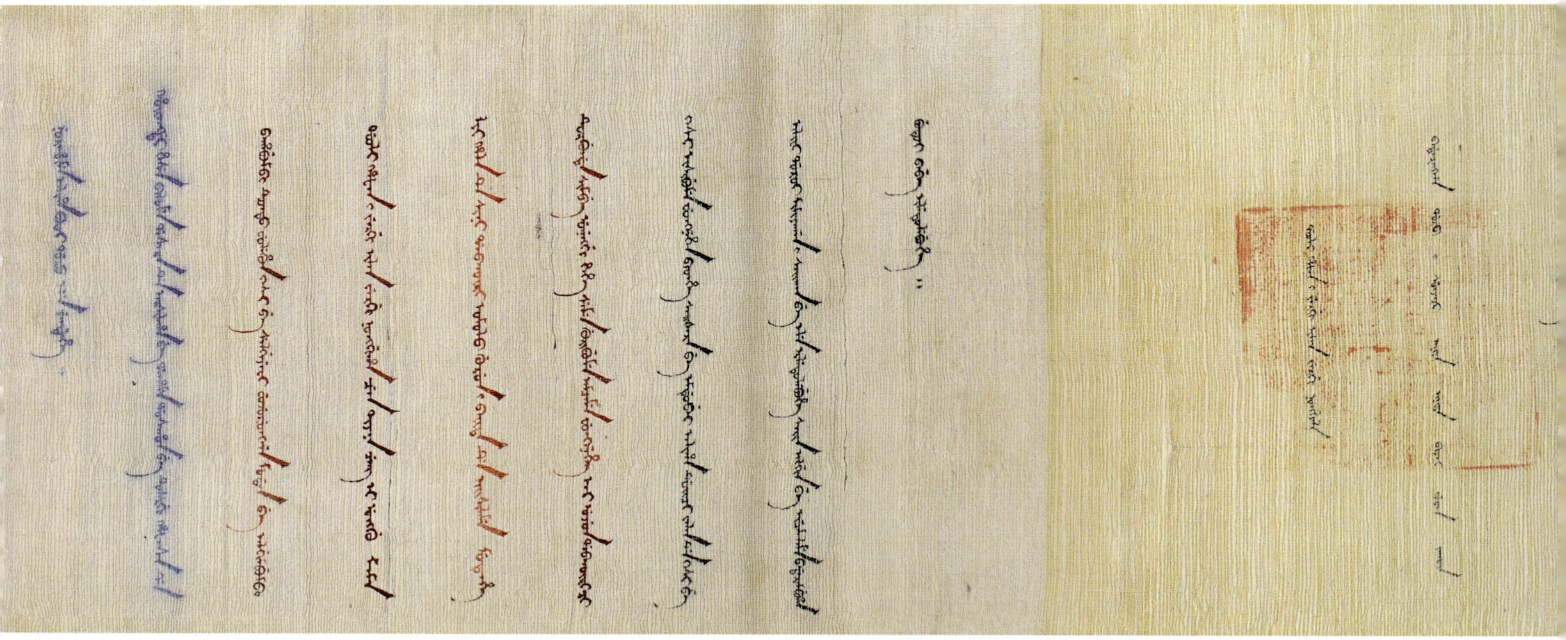

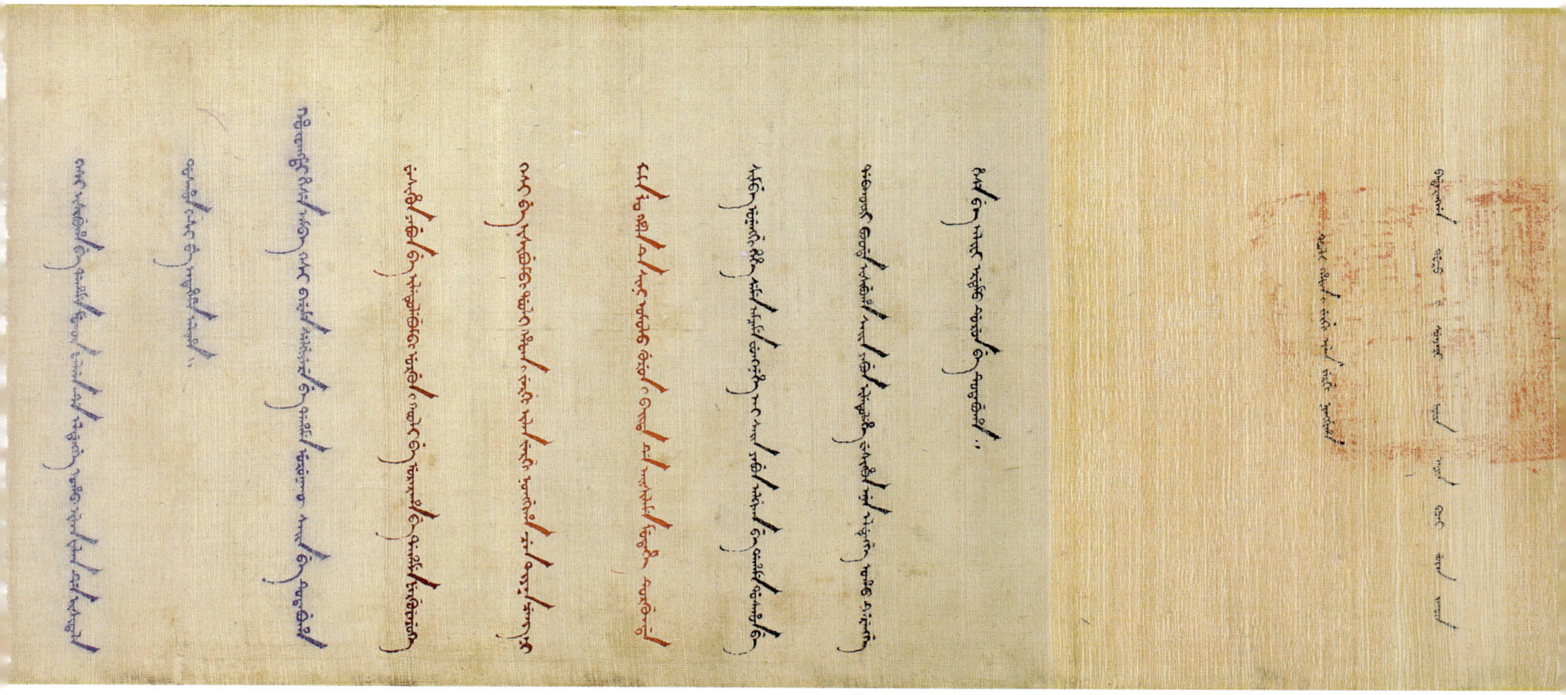

陈添成曾祖父母诰命圣旨

清

绢本

纵 31.5 厘米，横 294 厘米

陈添成曾祖父母诰命圣旨

陈添成祖父母诰命圣旨

清
纸，丝
纵 31.6 厘米，横 277 厘米

何维朴篆书"道人偶爱山水故"对联

清
纸本
纵150.3厘米，横39.4厘米

何维朴（1842-1922），湖南道县人，字诗孙，晚号盘止，何绍基之孙。以山水画著称，宗娄东派；书摹其祖何绍基亦得其形似。

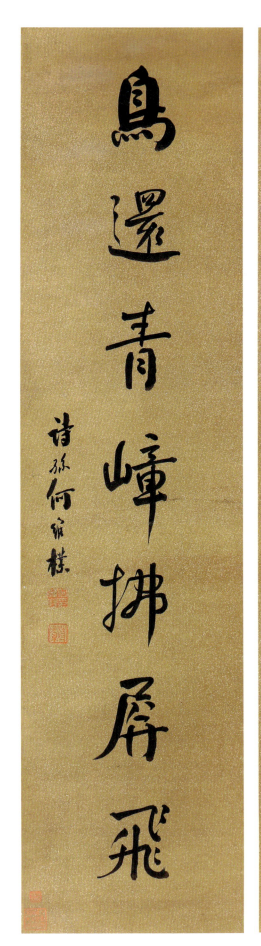

何维朴行书"鱼下碧谭当镜跃"
对联

清
纸本
纵132厘米，横32厘米

刘心源行书"晴日独看寒塞雁"
对联

清

纸本

纵 131.5 厘米，横 31 厘米

索绰络·英和行书"虎尾春冰安
乐法"对联

清
纸本
纵 134.1 厘米，横 29.4 厘米

蓬莱文章建安骨

米家图画鄴侯书

崑山□氏属

蒻舫赵光

赵光行书"蓬莱文章建安骨"
对联

清
纸本
纵123厘米，横28.8厘米

钱伯坰行书"墨池香霭花间露"
对联

清
纸本
纵122厘米，横28.7厘米

单懋谦行书"词源倒流三峡水"
对联

清

纸本

纵 124 厘米，横 30.7 厘米

蒋立鏞行书"尝将静契观天地"
对联

清

纸本

纵 112.9 厘米，横 25.9 厘米

得山水情其人多壽

饒詩書氣有子必賢

孙家鼐行书"得山水情其人多寿"对联

清

纸本

纵 158 厘米，横 30 厘米

尽捲簾旌延竹色

慕携松酒问花期

桐村四兄先生雅鑒

竹農尹濟源

尹济源行书"尽捲簾旌延竹色"
对联

清
纸本
纵 125 厘米，横 29 厘米

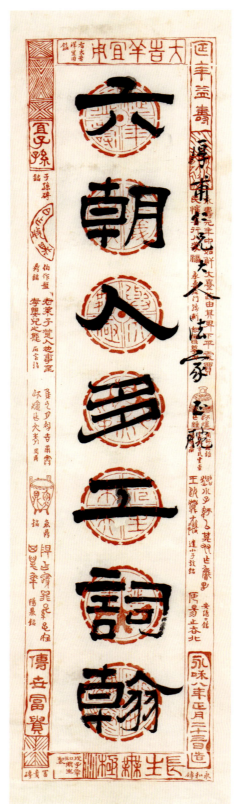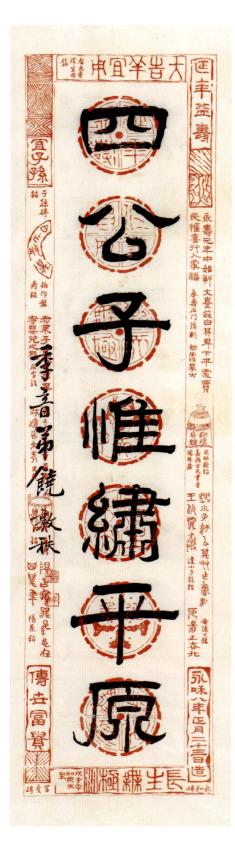

饶敦秩隶书"六朝人多工词翰"
对联

清
纸本
纵130厘米，横32.5厘米

章鋆行书"山海文章苏玉局"对联

清

纸本

纵127厘米，横30厘米

张盛藻行楷 "薛引山茵荷抽水盖"
对联

清
纸本
纵 172 厘米，横 36 厘米

心却尘机明至道

力追佛法悟真如

馥庭姻兄大人正

李学曾

李学曾行书"心却尘机明至道"
对联

清

纸本

纵 128.5 厘米，横 30 厘米

顾槐行书《彼美人兮纱焉》扇面

清
纸本
纵 17.3 厘米，横 51 厘米

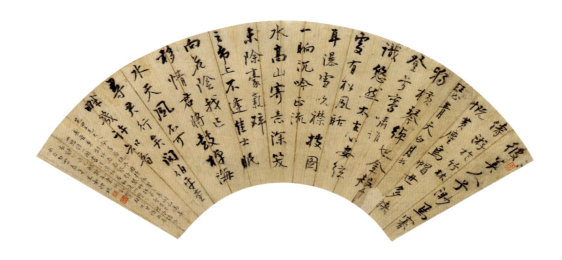

杨守敬行书《鄱阳山水记》扇面

清
绢本
纵 98.4 厘米，横 51 厘米

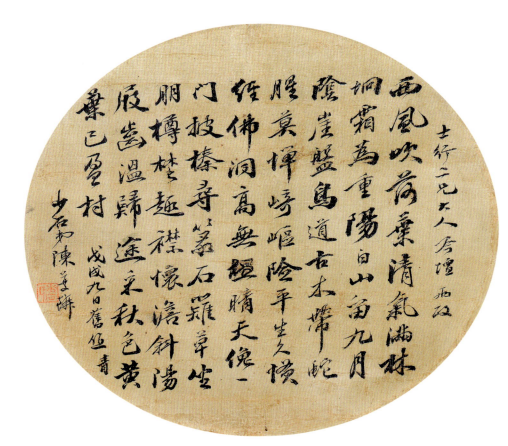

陈少石行书团扇面

清

纸本

纵 23 厘米，横 25 厘米

曾颐行书苏轼《广州蒲涧寺》团扇面

清

绢本

长径 24.5 厘米，短径 24 厘米

史悠联篆书翁森《四时读书乐》节选
团扇面

清
绢本
长径 24.5 厘米，短径 24 厘米

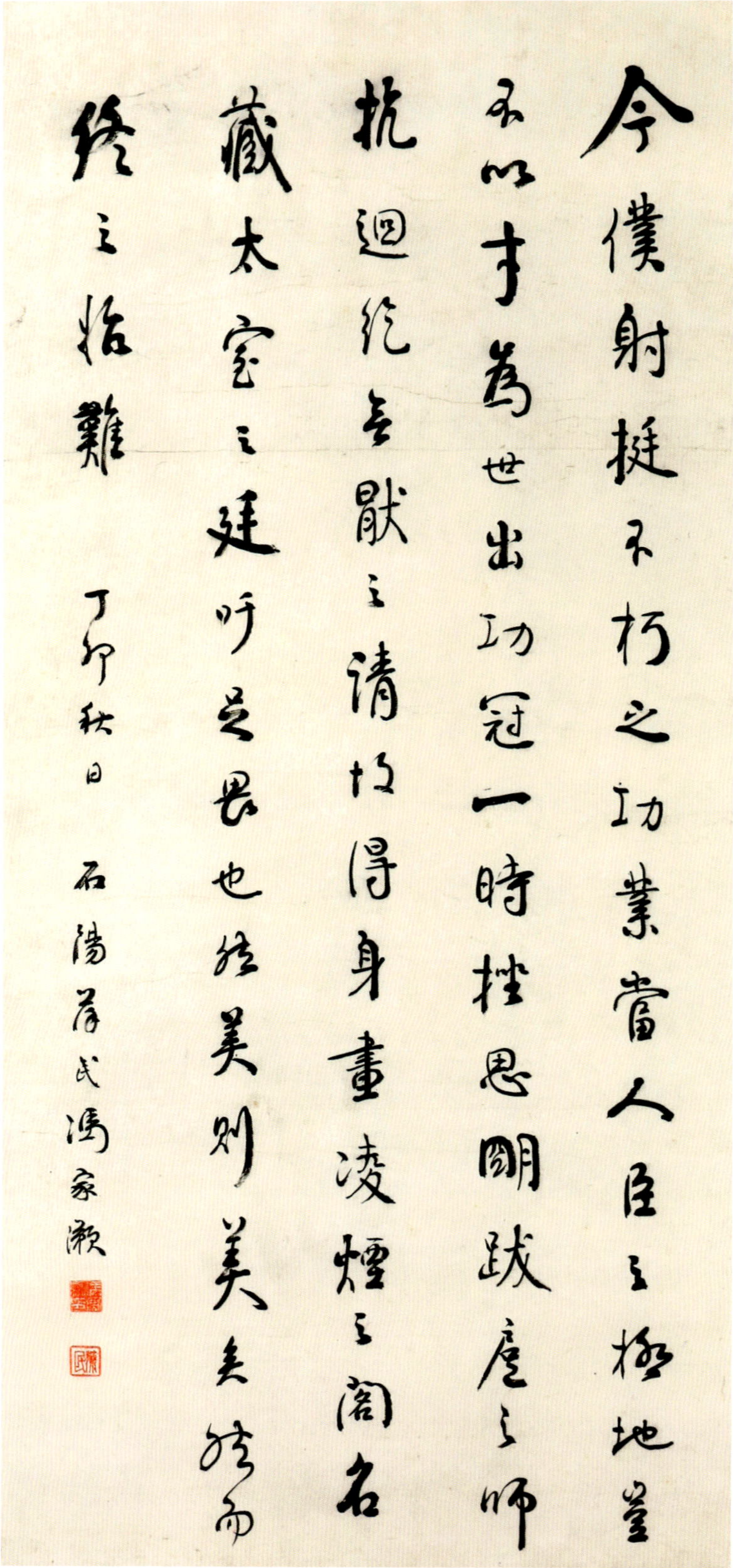

今僕射挺不朽之功業當人臣之極地豈不以才為世出功冠一時挫思明跋扈之師抗迴紇無猒之獸之清肅得身畫凌煙之閣名藏太室之廷吁足畏也然美則美矣而終之始難

丁卯秋日 石陽居民馮家灝

冯家灏行书颜真卿《争座位帖》节选

民国
纸本
纵 92.4 厘米，横 41.4 厘米

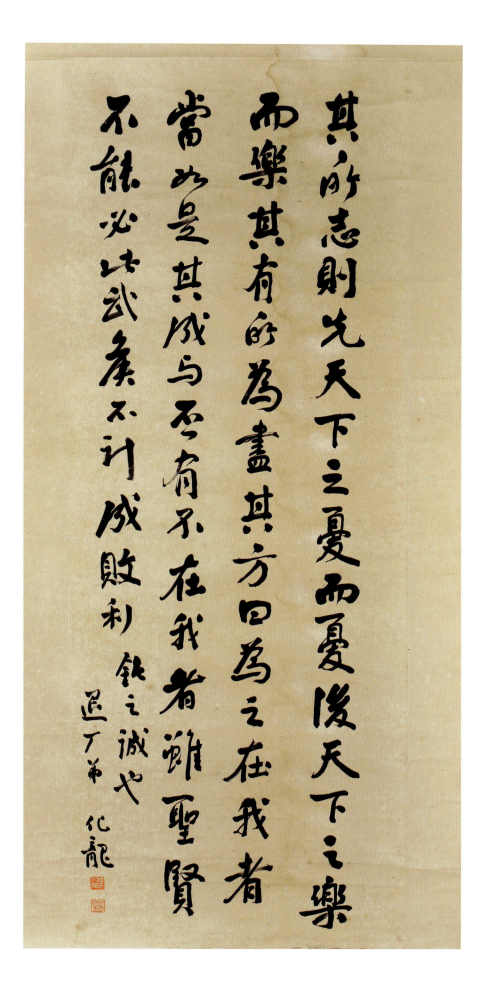

汤化龙行书《文正范公神道碑铭
并序》节选

民国
纸本
纵 120.8 厘米，横 43.7 厘米

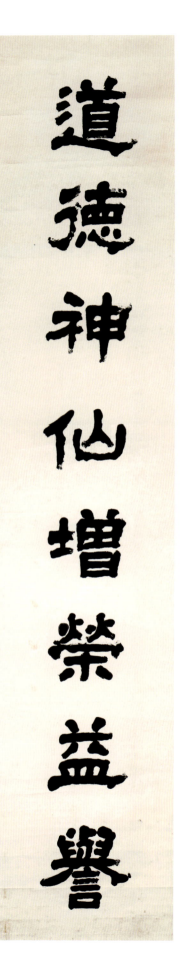

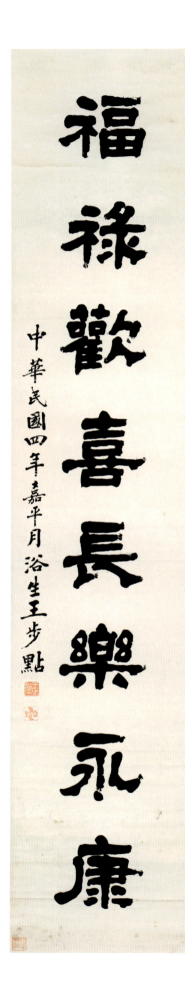

道德神仙增榮益譽

福祿歡喜長樂永康

中華民國四年嘉平月浴生王步點

**王步点隶书"道德神仙增荣益誉"
对联**

民国
纸本
纵213.5厘米，横41.5厘米

獨憐花月能知己

從此江湖便是家

集彭剛直公句為

慶堂仁兄大人　雅屬

中華民國三年冬浴生弟王步點

王步点隶书"独怜花月能知己"
对联

民国
纸本
纵 134.5厘米，横 31.5厘米

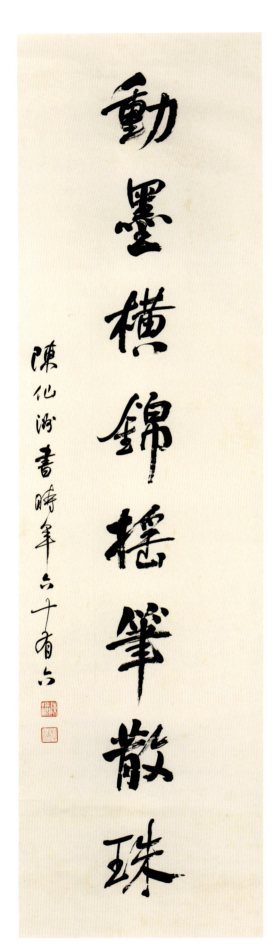

陈仙洲行书"平理如衡照辞
若镜"对联

民国

纸本

纵149厘米，横38.5厘米